PARCE QUE TU ES UNE FILLE UNIQUE

Une histoire de Maureen Castelle

Anna est une petite fille curieuse, elle aime lire et jouer.

Elle déborde d'imagination, elle adore explorer le monde et poser mille questions.

Pourtant, il y a bien quelque chose qui la rend unique...

Anna sait qu'elle est spéciale. Sa maman lui explique : « Quand tu étais bébé, tu es tombée malade après avoir mangé un petit gâteau.

Anna continue :

– Oui et depuis ce jour, il y a plein d'aliments que je ne peux plus manger. Je dois faire attention. »

Avant de se coucher Anna veut mieux comprendre.

« Maman explique moi pourquoi il y a des choses que je ne peux pas manger ? »

Sa maman lui explique :

« Ton ventre est sensible à certains aliments et si tu les manges, ils peuvent te rendre malade. C'est pourquoi nous devons faire attention. »

C'est le matin, dans la cuisine, Anna sait ce qu'elle peut manger au petit-déjeuner.

Sa maman et son petit frère se joignent à elle autour de la table. Eux aussi ont pris l'habitude de manger comme Anna pour la soutenir.

Anna aime l'école. Elle adore apprendre et écouter les histoires de sa maîtresse. Mais il y a un moment qu'elle redoute : la récréation. Son amie lui tend un biscuit : « Tu en veux ? Il est super bon !
Anna répond :
– Merci, mais je ne peux pas manger ce biscuit, veux-tu essayer les miens ?
– Beurk ! Répond son amie avec dégoût. »

Parfois, quand elle dit non, elle entend des moqueries.

Ses amis ne comprennent pas pourquoi elle ne peut pas manger comme eux.

Anna retourne en classe, un peu triste.
Elle s'assoit à son bureau essayant d'oublier les moqueries.
La sonnerie retentit, c'est l'heure de la cantine.
C'est un autre moment délicat pour elle.
Sa maman lui a préparé son repas.
En s'asseyant, Anna se sent un peu différente.

Tous les autres enfants ont des plats de la cantine, tandis qu'elle a son repas dans une boîte.

L'après-midi à l'école, les élèves ont une activité : apprendre à reconnaître différents aliments et à les classer dans différentes catégories comme les légumes, les fruits, la viande, les céréales, et bien d'autres encore.

Mais Anna a une approche unique. Elle a son propre système de classement des aliments en deux catégories : ceux qu'elle peut manger, et ceux qu'elle ne peut pas manger.

La maîtresse aime beaucoup le travail d'Anna : « J'ai trouvé ton classement des aliments intéressant. Aimerais-tu partager ton exposé avec toute la classe ? » Anna hoche la tête ravie. Elle se lève devant la classe, et explique pourquoi elle a classé les aliments comme cela.

Toute la classe écoute attentivement, et pose des questions :
« Anna, quels-sont tes aliments préférés ?
– Anna, peux-tu manger du chocolat ? »
Elle est fière que ses camarades s'intéressent.

C'est l'heure du goûter à l'école, Anna sort de son sac des petits biscuits dont elle n'est pas allergique et que sa maman lui a préparés avec amour. Les biscuits sont dorés et délicieux.

Cette fois-ci, Anna n'est pas toute seule à en profiter : « Anna, est-ce que je peux gouter un biscuit ?

— Moi aussi, s'il te plaît.

Anna distribue ses biscuits.

— Oh, c'est vraiment délicieux ! »

Ses camarades les apprécient. Elle est heureuse de les partager avec ses amis.

C'est la fin de la journée à l'école, Anna rentre chez elle et se précipite vers sa maman et s'écrie : « Maman, j'ai eu une journée géniale à l'école ! J'ai partagé mes biscuits avec mes amis, et ils les ont aimés !

Sa maman sourit et lui dit :

– C'est merveilleux Anna, je suis fière de toi !

Anna regarde sa maman avec enthousiasme et demande :
– Maman, est-ce qu'on peut préparer plus de biscuits pour demain ? Je veux les partager au goûter. »
Sa maman acquiesce avec un sourire. Elles se mettent ensemble à préparer les biscuits préférés d'Anna.

Anna se sent heureuse et comprise. Elle est consciente que, bien qu'unique, elle peut vivre comme une petite fille de son âge et elle sait qu'elle n'est pas différente des autres.

Ses amis et sa famille la soutiennent et l'aiment comme elle est.

PARCE QUE TU ES UNE FILLE UNIQUE

Pour découvrir plus de livres du même auteur ou laisser votre avis, C'est par ici.

SCANNEZ-MOI !

Scannez simplement le QR code !

Dernier mot de l'auteur:
Si l'histoire D'Anna vous à touché, n'hésitez pas à partager votre avis. Nous aimerions savoir ce que vous en avez pensé. Votre retour est précieux pour moi en tant qu'auteur, et il aide d'autres lecteurs à découvrir ce livre. Merci d'avance pour votre soutien !

⭐⭐⭐⭐⭐

Printed in France by Amazon
Brétigny-sur-Orge, FR